¡Es un mamífero!

Por Sharon Stewart

CELEBRATION PRESS
Pearson Learning Group

Contenido

Muchos animales 3
¿Qué es un mamífero? 4
Dónde viven 10
Cómo se mueven 14
Sentidos en los mamíferos 20
Mamíferos asombrosos 22
Glosario 23
Índice 24

elefante

Muchos animales

La vaca mastica heno. El koala vive en los árboles. El murciélago vuela en la oscuridad. El perro juega con una pelota. Está claro que estos animales son muy diferentes. Sin embargo, hay algo en lo que todos se parecen. Todos son mamíferos. Y, ¿sabes qué? Tú también eres un mamífero.

Hay millones de especies o tipos de animales. Existen alrededor de 4,000 especies de mamíferos. ¿Por qué se llama mamíferos a estos animales? ¿Qué los hace diferentes de las aves o los reptiles?

Hay mamíferos de todas las formas y tamaños, desde elefantes enormes hasta ratones diminutos.

cebra

ser humano

murciélago

perro

zorro

chinchilla

ratón

¿Qué es un mamífero?

Los mamíferos tienen ciertas cosas en común. Las madres de los mamíferos producen leche para alimentar a sus bebés. La mayoría de los mamíferos tiene pelo para abrigarse. También son **animales de sangre caliente**. Esto significa que la temperatura de su cuerpo no depende de la temperatura exterior. Los mamíferos también tienen un esqueleto sostenido por una columna vertebral.

conejillo de Indias

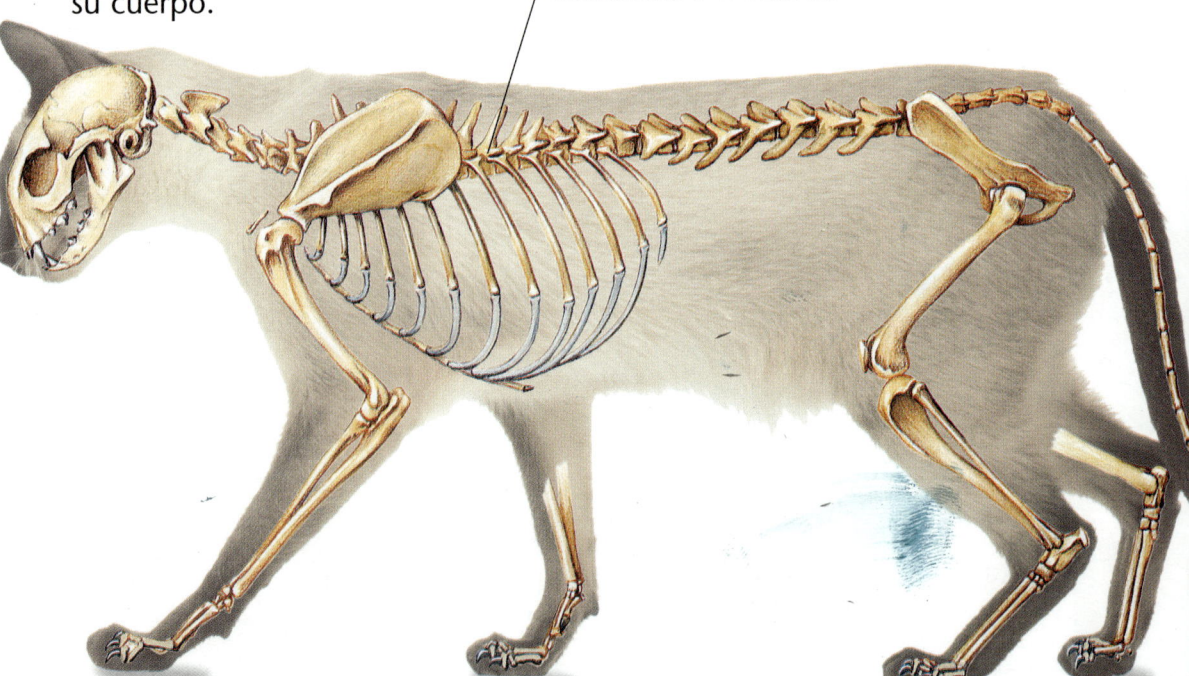

La columna vertebral y el esqueleto del gato sostienen su cuerpo.

columna vertebral

La mayoría de los mamíferos dan a luz a sus bebés. Sin embargo, el ornitorrinco y el equidna ponen huevos. En ese aspecto, estos mamíferos se parecen a los reptiles.

La mayoría de los bebés mamíferos están completamente formados cuando nacen. Los **marsupiales**, como el ualabi, son diferentes. Ellos nacen cuando todavía son muy pequeños y sólo están formados en parte. Terminan de crecer dentro de una bolsa cálida en el vientre de su madre.

equidna

Marsupiales

Hay más de 250 especies de marsupiales. Muchas se encuentran en Australia y otras en las islas vecinas.

canguro

ualabi

oso australiano

koala

Bebés mamíferos

La mayoría de los bebés mamíferos necesitan la leche de sus madres para vivir. De hecho, la leche materna es el único alimento de los mamíferos cuando son muy pequeños. Contiene muchos **nutrientes** que los ayudan a crecer y también el agua que necesitan para sobrevivir.

Los reptiles, como las serpientes o las tortugas, no producen leche. Los bebés reptiles se cuidan a sí mismos casi desde que nacen. Sin embargo, los bebés mamíferos necesitan a sus padres.

El ternero crece y se fortalece con la leche de su madre.

Una madre osa lleva a pescar a sus oseznos.

Los padres mamíferos cuidan a sus pequeños, los alimentan y los protegen del peligro. Los padres mamíferos juegan con sus pequeños y los enseñan a comportarse. Los leones enseñan a sus cachorros a cazar y a protegerse. Los caballos enseñan a sus potrillos a correr. Los padres mamíferos cuidan a sus bebés hasta que los bebés tienen la edad suficiente para cuidarse solos.

Abrigarse

Muchos mamíferos están cubiertos de pelo que los ayuda a mantener sus cuerpos a la temperatura ideal. Algunos tienen dos capas de pelo para guardar el calor. El toro almizclero del Ártico tiene una lana corta bajo su pelo largo.

toro almizclero del Ártico

Muchos mamíferos acuáticos no tienen pelo como los mamíferos terrestres. En su lugar, algunos mamíferos acuáticos como la morsa, tienen una capa de grasa debajo de la piel. La capa de grasa mantiene abrigados a estos mamíferos.

morsa

Algunos mamíferos, como el lirón, la marmota americana y algunos murciélagos, **hibernan** durante el frío invierno. Primero, comen para engordar y almacenar grasa. Cuando llega el tiempo frío, caen en un estado parecido al sueño.

No necesitan mucha energía, de modo que los mamíferos que hibernan generalmente no comen. Su propia grasa les da suficiente energía y los mantiene abrigados. Luego, cuando llega la primavera y hace más calor, se despiertan.

¿Ves al lirón que hiberna?

lirón

Dónde viven

Los mamíferos viven en muchos lugares diferentes o **hábitats**. Viven en las praderas y en los desiertos, en las orillas del océano Ártico y en las selvas tropicales. Sus cuerpos se han **adaptado** para sobrevivir en muchas condiciones.

Los camellos están adaptados para vivir en el desierto cálido y seco donde hay poco alimento y agua. Toman energía de una sustancia grasosa que almacenan dentro de sus jorobas. La planta gruesa de sus patas los protege de la arena caliente.

Los camellos cierran las ventanas de la nariz y sus largas pestañas dobles para protegerse de la arena.

El pelaje del oso polar se confunde con la nieve.

Los osos polares están bien adaptados a su frío hábitat ártico. Su pelaje está formado por pelos huecos que capturan el calor del sol. Su piel dura y oscura absorbe la mayor parte de este calor. También tienen una gruesa capa de grasa bajo la piel. Sus grandes garras tienen pelo en la parte de abajo para agarrarse del hielo resbaladizo. Se han adaptado a las aguas heladas del océano Ártico y son excelentes nadadores.

Mamíferos en peligro de extinción

Los mamíferos, como todos los animales, dependen de sus hábitats para sobrevivir. En todo el mundo, los mamíferos pierden en la actualidad sus hábitats y sus fuentes de alimento. Muchos mamíferos viven en áreas donde los seres humanos se apoderan de la tierra. Los animales no pueden adaptarse a estos cambios.

Algunos animales pueden estar **cerca de la extinción**. Esto significa que todos los animales de ese tipo desaparecerán. De estos animales se dice que están **en peligro de extinción**. Hay muchos más mamíferos en peligro de extinción que cualquier otro tipo de animal.

El panda gigante, que vive en China, está en peligro de extinción.

Algunas especies en peligro de extinción

rinoceronte negro

- **tipo de hábitat:** praderas y áreas boscosas abiertas
- **localización:** partes del centro y el sur de África

tigre

- **tipo de hábitat:** selvas tropicales y **bosques deciduos**
- **localización:** partes del sur y el este de Asia

caribú de bosque

- **tipo de hábitat: bosques de coníferas** y tundra
- **localización:** partes del norte de Canadá

lobo gris

- **tipo de hábitat:** bosques de coníferas, tundra y montañas
- **localización:** partes de América del Norte, Europa y Siberia

Cómo se mueven

La mayoría de los mamíferos se desplaza sobre cuatro extremidades. Pueden correr, caminar o trotar. Algunos saltan y brincan; otros nadan y vuelan. Algunos mamíferos de dos piernas, como los humanos, caminan, corren o saltan.

Mamíferos que saltan

Los canguros de Australia son posiblemente los mamíferos saltadores más famosos. Saltan impulsándose contra el suelo con sus grandes patas y sus potentes extremidades posteriores. Aunque parezca imposible, los canguros rojos pueden saltar más de 25 pies de un solo impulso. ¡Eso es más de cuatro veces su estatura!

Canguro rojo

cola musculosa

patas traseras potentes

patas delanteras cortas

Los ualabis de las rocas de Australia también son buenos saltadores. Son mamíferos de tamaño pequeño a mediano de la familia de los canguros. Los ualabis de las rocas tienen patas traseras acolchadas que los ayudan a sostenerse en los acantilados rocosos en que viven. Ellos pueden saltar hasta una altura de alrededor de 13 pies.

ualabi de las rocas

Otros mamíferos que saltan

impala

antílope

conejo

jerbo

Mamíferos que vuelan

Los murciélagos son los únicos mamíferos que pueden volar. La mayoría tiene dientes afilados y orejas grandes. Todos los murciélagos tienen alas hechas de piel correosa. Esta piel está desplegada sobre sus patas delanteras y los huesos de sus dedos. Las alas varían de tamaño. Las alas extendidas de algunos miden más de 5 pies de largo. Las de otros murciélagos miden sólo 6 pulgadas.

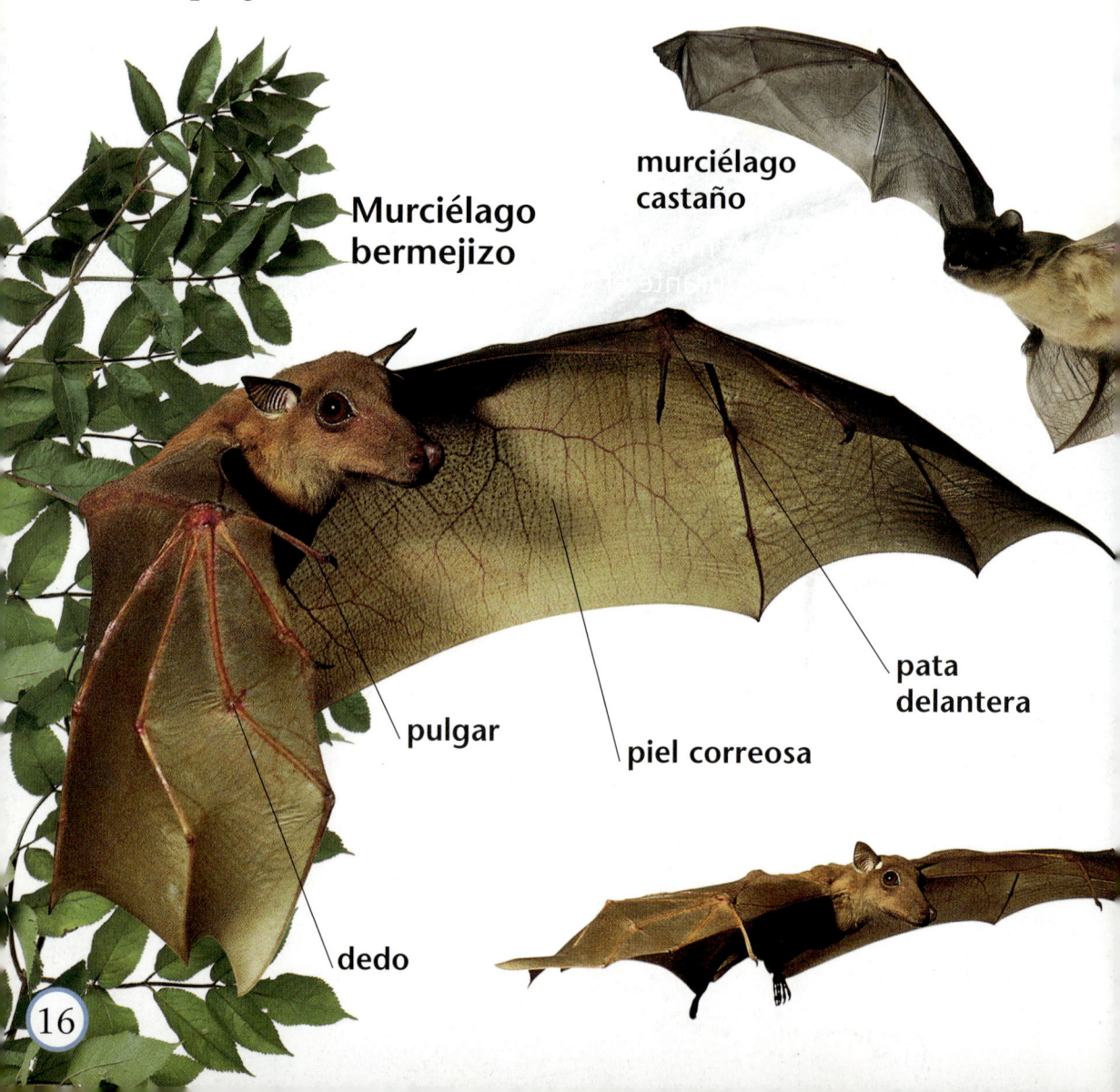

Murciélago bermejizo

murciélago castaño

pulgar

piel correosa

pata delantera

dedo

A menudo los murciélagos descansan en cuevas durante el día y salen por la noche.

Algunos murciélagos vuelan a una altura de hasta 10,000 pies mientras van de un lugar a otro. Mientras vuelan, a menudo esparcen semillas y **polinizan** las plantas. Los murciélagos vuelan principalmente de noche porque son mamíferos **nocturnos**. Salen de sus refugios por la noche para buscar alimentos como frutas, insectos o animales pequeños. ¡Un murciélago puede comer hasta 3,000 insectos en una noche!

Los murciélagos pueden ver, pero algunos usan también **ecolocalización** para volar y cazar. El eco de sus chillidos rebota en los objetos y regresa a ellos. Esto les dice dónde están las cosas.

Este murciélago orejudo capturó una palomilla.

Mamíferos que nadan

Los mamíferos que viven en el agua, como las ballenas, tienen cuerpos adaptados para nadar. Su piel es lisa, pero, al igual que otros mamíferos, las ballenas tienen un poco de pelo. En lugar de patas delanteras, tienen aletas. A diferencia de los peces, las ballenas no pueden respirar debajo del agua, sino que tienen que salir a la superficie en busca de aire.

Hay dos tipos de ballenas: las ballenas dentadas y las ballenas desdentadas o de barba. Las ballenas más grandes son las desdentadas. Pueden crecer hasta sobrepasar los 100 pies de largo y pesar cerca de 150 toneladas.

La ballena jorobada pertenece a la familia de las ballenas desdentadas.

Muchos delfines pueden nadar a aproximadamente 25 millas por hora.

Las ballenas dentadas, como los delfines, cazan peces y calamares para alimentarse. El delfín nariz de botella es el tipo más común.

Las morsas, las focas y los leones marinos son mamíferos acuáticos, lo mismo que las ballenas. A diferencia de éstas, tienen cuatro aletas, un par frontal y otro par trasero. Pasan la mayor parte de su vida en el agua. Al menos una vez al año, se asientan en las playas o en los témpanos marinos y allí dan a luz a sus bebés.

Otros mamíferos que nadan

morsa

león marino

foca

Sentidos en los mamíferos

La mayoría de los mamíferos tienen cinco sentidos, al igual que las personas. Los cinco sentidos son la vista, el oído, el olfato, el gusto y el tacto. Los sentidos de muchos animales son mejores que los de los seres humanos.

Los gálagos, animales parecidos a los monos, ven y oyen mucho mejor que los seres humanos. De noche, sus enormes ojos detectan hasta la luz más débil. Sus grandes orejas se mueven para rastrear insectos voladores. Saltan como acróbatas para atrapar a los insectos en pleno vuelo.

El sentido del gusto de los conejos es muy agudo ya que tienen ¡17,000 papilas gustativas! O sea, 7,000 más que los seres humanos.

Los grandes ojos del gálago lo ayudan a ver de noche.

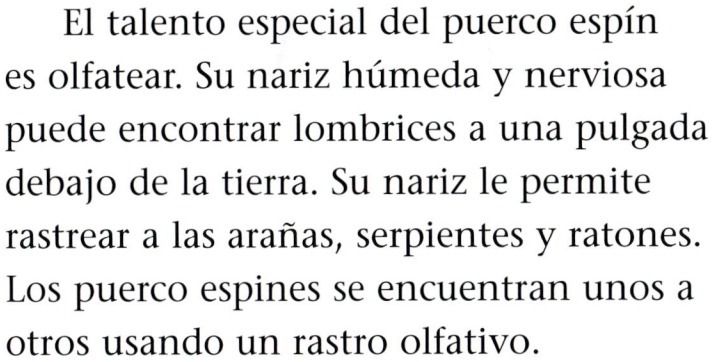

El talento especial del puerco espín es olfatear. Su nariz húmeda y nerviosa puede encontrar lombrices a una pulgada debajo de la tierra. Su nariz le permite rastrear a las arañas, serpientes y ratones. Los puerco espines se encuentran unos a otros usando un rastro olfativo.

El tacto es importante para los monos. Se tocan o se besan cuando se encuentran y se pasan horas aseándose unos a otros. Asearse parece relajarlos y fortalecer sus amistades.

El puerco espín no ve bien pero puede olfatear muy bien.

Un babuino asea a otro.

Mamíferos asombrosos

Ya sea que corran, salten, naden o vuelen, los mamíferos son asombrosos. Mira lo diferente que pueden ser.

El mamífero más lento es el perezoso. Se mueve solamente alrededor de 6 a 8 pies por minuto.

El koala es el mamífero más dormilón. Duerme hasta 22 horas de las 24 que tiene el día.

El mamífero terrestre más rápido es el guepardo. En distancias cortas, puede correr a 60 millas por hora.

Glosario

adaptado — cambiado para sobrevivir en un hábitat particular

animales de sangre caliente — que tienen una temperatura corporal que no depende de la temperatura exterior

bosque deciduo — bosque donde todos los años las hojas de la mayoría de los árboles se caen y vuelven a crecer

bosque de coníferas — bosque donde la mayoría de los árboles tienen hojas en forma de aguja que se mantienen verdes todo el año

cerca de la extinción — a punto de desaparecer

ecolocalización — uso del eco para localizar objetos

en peligro de extinción — amenazado con desaparecer

hábitats — lugares en que viven las plantas y los animales

hibernar — caer en un sueño largo y profundo, generalmente en invierno

marsupiales — mamíferos que cargan a sus bebés en una bolsa que tienen en el cuerpo

nocturnos — que están activos durante la noche

nutrientes — sustancias que necesitan los seres vivos para crecer y mantenerse saludables

polinizar — colocar polen en una flor

Índice

babuino 21
ballena jorobada 18
ballenas 18–19
bebés mamíferos 5, 6–7
camellos 10
canguro rojo 14
caribú de bosque 13
conejillo de Indias 4
conejos 20
delfines 19
equidna 5
focas 19
gálagos 20
gato 4
guepardo 22
hábitats 10–11, 12, 13
hibernar 9
koala 3, 5, 22
leones marinos 19
lirón 9
lobo gris 13
mamíferos en peligro de extinción 12–13
marsupiales 5
murciélago 3, 9, 16–17
ornitorrinco 5
oso polar 11

panda gigante 12
perezoso 22
puerco espín 21
reptiles 3, 5, 6
rinoceronte negro 13
sentidos 20–21
tigre 13
toro almizclero del Ártico 8
ualabi 5, 15

La jirafa es el mamífero más alto del mundo. Puede alcanzar hasta 18 pies de alto. ¡Tan alta como la ventana de un segundo piso!